Thèse.

Faculté de Droit de Toulouse.

ACTE PUBLIC

POUR LA LICENCE,

En exécution de l'art. 4, tit. 2, de la loi du 22 ventôse, an 12.

SOUTENU PAR

M. Granier (Victorin),

Né à Saint-Pons (Hérault).

Les lois qui consacrent des priviléges, portent en elles le germe de graves désordres. Tous les membres d'une société régie par des lois ont le droit d'y concourir, et l'homme par le droit naturel, n'étant pas soumis à son semblable, il en résulte qu'il ne saurait être lié par des conventions auxquelles il est resté étranger.

JUS ROMANUM.

Titulus IV. — *De Usufructu.*

Ususfructus est jus alienis rebus utendi fruendique, salvà rerum substantiâ. Jus est enim in corpore, corpore sublato, tollitur ususfructus.

1835

Quibus modis constituitur ususfructus.

Pluribus modis ususfructus à proprietate separari potest : ut ecce si quis usumfructum alieni legaverit, tunc nudam hæres habet proprietatem, et legatarius usumfructum : et contrà si fundum legaverit, deducto usufructu, legatarius habet proprietatem, hæres verò usumfructum. Item lege constituitur ususfructus ; scilicet, cùm lex dedit patri usumfructum bonorum puerorum quos in potestate habet.

Constitui potest ususfructus non solùm in fundo et ædibus, sed etiam in servis, jumentis et cœteris rebus : exceptis iis, quæ usu consumuntur. Nam hæ res quasi usumfructum tantummodo recipere possunt, et in vineo, oleo, vestimentis et pecuniâ numeratâ constituitur quasi ususfructus.

Quibus modis finitur.

Finitur autem ususfructus, cùm usufructuarius non utitur fundo, per modum et tempus quæ statuit constitutio : item finitur maximâ et mediâ diminutione capitis, et si domino proprietatis ab usufructuario cedatur, (cedendo enim extraneo nihil agitur) vel si usufructuarius proprietatem rei acquisierit.

Cùm autem finitus fuerit totus ususfructus revertitur ad proprietatem, et ex eo tempore nudæ proprietatis dominus plenam habet potestatem.

TITULUS V. — *De usu et habitatione.*

Nudus usus constitui solet et desinit, iisdem quibus modis constituitur ususfructus et finitur. Is, qui fundi nudum habet usum, oleribus tantùm, pomis, floribus, fæno, flamentis et ignis ad usum quotidianum uti potest ; inde minùs esse juris in usu quàm in usufructu : cùmque fundum illi habitare licet, si non domino fundi molestus sit : nec jus quod habet concedere potest aut vendere, quamvis possit hæc omnia facere qui usumfructum habet.

Ei , qui usum habet domûs , tantùm habitare licet , nec hoc jus ad alium transferre potest. Item qui servi usum habet , tantùm ministerio ejus uti potest : ad alium verò nullo modo , jus suum transferre ei concessum est. Item si quis pecoris usum legaverit , usuarius, in lacte , neque agnis , neque lanâ nullum jus habet. Planè pecoribus uti potest ad agrum stercorandum.

De habitatione.

Si alicui domûs habitatio legata vel altero modo constituta sit , ille neque usum neque usumfructum habet ; nam ei tantummodo illam habitare licet. Sed propter utilitatem rerum , habitationem habentibus non solùm habitare , sed etiam ad alios jus transferre.

CODE CIVIL.

Tit. VIII. — De l'Adoption et de la Tutelle officieuse.

CHAPITRE PREMIER.

De l'Adoption.

La loi dans l'adoption a eu pour but de consoler par une paternité fictive , ceux qui ne pouvaient connaître la paternité réelle.

L'adoption est un contrat solennel revêtu de la sanction de l'autorité judiciaire, qui, sans faire sortir un majeur de sa famille naturelle, établit entre lui et celui qui l'adopte des rapports de paternité et de filiation purement civils.

Sect. 1re — *De l'adoption et de ses effets.*

L'homme et la femme qui n'ont point d'enfans ni descendans légitimes peuvent adopter. Ils doivent être âgés de cinquante ans au moins, et avoir quinze ans de plus que l'individu qu'ils se proposent d'adopter. Plusieurs personnes, excepté le mari et la femme, ne peuvent adopter le même individu. L'époux ne peut adopter qu'avec le consentement de son conjoint; car l'adoption impose à l'adoptant des charges qui peuvent léser les intérêts de l'autre époux; l'adopté pourrait d'ailleurs devenir un sujet de discorde dans la famille où il est reçu.

L'adopté doit avoir atteint sa majorité, s'il a ses père et mère et qu'il n'ait pas encore accompli sa vingt-cinquième année; il doit avoir le consentement à l'adoption de l'un et de l'autre; lorsqu'il a vingt-cinq ans il n'est tenu que de requérir leur conseil.

Nul ne peut être adopté si, durant sa minorité et pendant six ans au moins, il n'a été nourri par l'adoptant, et s'il n'a reçu de lui des secours et des soins non interrompus; toutefois le danger que l'on a couru pour sauver la vie à une personne, soit dans un combat, soit en le retirant des flammes ou des flots, est une cause légitime d'adoption. Cette cause ne saurait même être limitée aux trois cas de l'art. 345, C. C. Elle doit s'étendre à tous ceux où il sera constant que, pour sauver l'adopté d'un danger imminent, on a exposé sa vie.

Lorsqu'on adopte celui qui nous a sauvé la vie, l'adoption prend le nom de rémunératoire. Le législateur, assuré dans cette adoption des sentimens de l'adoptant, a prescrit des formes moins rigoureuses. Il suffit que l'adoptant soit majeur, plus âgé que l'adopté, sans enfans, ni descendans légitimes, et s'il est marié qu'il ait le consentement de son conjoint.

Un étranger ne peut être adopté par un Français; mais nous croyons qu'un prêtre peut adopter un individu non étranger : car aucune loi ne le lui défend. Nous pensons aussi qu'un enfant naturel peut être adopté par son père, quoiqu'il existe un arrêt de la cour de cassation, dans lequel elle paraît, au moins implicitement, avoir embrassé la négative.

L'adopté ne cesse pas d'être sous la puissance de ses père et mère, conformément aux art. 371 et suivans. C'est toujours le père naturel qui conserve sur lui les droits de correction, d'administration de ses biens, le droit de consentir à son mariage ou de s'y refuser.

Le père et la mère restent obligés de nourrir leur enfant pris en adoption, qui conserve sur leurs biens tous ses droits de succession (art. 203). Le mariage est prohibé entre l'adoptant, l'adopté et ses descendans; entre les enfans adoptifs du même individu; entre l'adopté et le conjoint de l'adoptant, et réciproquement entre l'adoptant et le conjoint de l'adopté, (art. 348, C. C.). L'adopté ne peut acquérir aucun droit sur la succession des parens de l'adoptant; mais il conserve sur les biens de celui-ci les mêmes droits que l'enfant né en mariage, sans que la survenance d'un enfant légitime puisse les détruire. L'enfant adoptif jouit, comme l'enfant légitime, d'une réserve sur les biens de l'adoptant.

Cependant l'adoption ne saurait révoquer les donations antérieurement faites, parce qu'il ne doit pas être permis qu'un homme puisse, en adoptant volontairement un enfant, détruire un contrat irrévocable comme la donation.

Le législateur a considéré l'adoption comme un bienfait qui ne doit pas être pour l'adoptant un moyen de s'enrichir; aussi n'a-t-il pas permis que les droits de succession fussent réciproques entre l'adopté et l'adoptant. Ce dernier, lorsque l'adopté meurt sans postérité, n'a que le droit de reprendre les biens par lui donnés, s'ils existent en nature; et a la charge de contribuer proportionnellement aux dettes. Ce droit n'est pas accordé à ses héritiers, excepté à ses descendans légitimes.

Sect. ii. — *Des Formes de l'adoption.*

Les formalités exigées pour la validité de l'adoption sont renfermées dans le titre viii du C. C. , section ii, depuis l'art. 353 jusqu'à l'art. 364.

La personne qui se propose d'adopter et celle qui veut être adoptée, doivent se présenter devant le juge de paix du domicile de l'adoptant pour y passer acte de leur consentement respectif. Dans le délai de dix jours la partie la plus diligente remet au procureur du roi dans le ressort duquel se trouve le domicile de l'adoptant, une expédition de cet acte pour être soumis à l'homologation du tribunal. Les juges sont tenus de prendre tous les renseignemens convenables, de vérifier si toutes les conditions de la loi ont été remplies, si la personne qui se propose d'adopter jouit d'une bonne réputation. Le procureur du roi entendu , ils prononcent le jugement sans énoncer les motifs, en ces termes : il y a lieu ou il n'y a pas lieu à l'adoption. Le législateur n'a pas voulu que sans utilité on pût nuire par un refus public à la réputation de l'adoptant. Dans le délai d'un mois , et à la poursuite de la partie la plus diligente, le jugement du tribunal de première instance est soumis à la cour royale , qui instruit dans les mêmes formes, et prononce de même sans énoncer les motifs : le jugement est confirmé, le jugement est réformé.

CHAPITRE II.

De la Tutelle officieuse.

La tutelle officieuse est l'obligation volontairement contractée d'élever et de nourrir gratuitement un mineur , d'administrer sa personne et ses biens, et de le mettre en état de gagner sa vie à sa majorité.

Toute personne âgée de plus de cinquante ans , et sans enfans ni descendans légitimes , qui désire s'attacher un individu mineur par un titre légal , peut devenir son tuteur officieux. Il doit à cet effet , obtenir le consentement des père et mère de l'adoptant , ou du survivant d'entre eux , et à leur défaut d'un conseil de famille.

On ne peut devenir le tuteur officieux que d'un enfant de quinze ans et au-dessous. La tutelle officieuse emporte avec elle l'obligation de nourrir le pupille , de l'élever et de le mettre en état de gagner sa vie ; de là l'obligation imposée par la loi au tuteur officieux , d'apporter le consentement de son conjoint , afin que cette tutelle qui peut emmener dans la maison des époux un enfant étranger , ne devienne pas pour eux un sujet de querelles. L'administration des biens du pupille et de sa personne, lorsqu'il était antérieurement en tutelle , passe de droit au tuteur officieux. Le tuteur est tenu de toutes les dépenses d'entretien et d'éducation ; il doit rendre compte de tous les capitaux et revenus du pupille. Nous pensons même qu'il doit être nommé au pupille un subrogé tuteur.

Le tuteur officieux peut conférer l'adoption au pupille par acte testamentaire ; mais cette disposition n'est valable qu'autant que le pupille est resté cinq ans sous sa tutelle , et que l'adoptant meurt sans enfans ni descendans légitimes. Nous avons dit que le tuteur officieux contractait l'obligation de nourrir et d'élever le pupille durant sa minorité. S'il meurt sans avoir pourvu à son entretien , cette obligation passe à ses héritiers. Les moyens de subsistance à fournir au pupille , sont réglés amiablement entre les représentans respectifs du tuteur et du pupille ; lorsqu'il y a contestation , elle est portée devant les tribunaux. Le tuteur officieux peut adopter le pupille parvenu à sa majorité , pourvu toutefois qu'il y consente. Voir pour le mode de cette adoption et pour ses effets , nos observations sur le chapitre précédent.

Tit. ix — *De la puissance paternelle.*

La puissance des pères sur les enfans a été plus ou moins étendue suivant les temps et les lieux ; en résumant ce que nous fournit l'histoire à ce sujet, on peut dire qu'elle a varié selon le progrès des lumières, ou l'enfance des peuples. Lorsque la force physique dominait dans les sociétés, le pouvoir des pères sur leurs fils était sans bornes ; il a été quelquefois jusqu'au droit de vie et de mort ; Rome même, passionnée de la liberté, par une trop grande puissance donnée au père sur son fils, avait consacré l'esclavage dans son sein. Mais à mesure que les peuples se sont avancés vers la civilisation, la puissance paternelle a été réduite à de justes bornes. Le père, en effet, ne doit conserver sur son fils, parvenu à l'âge de raison, aucune puissance physique ; il ne peut exercer sur lui aucun acte de violence ; il ne peut, par exemple, le contraindre à embrasser une religion plutôt qu'une autre, ni le punir d'une action coupable ; car l'homme n'est comptable de ses actions qu'à la société, de sa pensée qu'à Dieu. Il n'est dû au père, sur son fils devenu homme, qu'une puissance morale, c'est-à-dire une puissance d'amour et de reconnaissance ; toute loi conçue hors de ces principes serait injuste et barbare. C'est dans cet esprit que le titre de la puissance paternelle nous paraît avoir été rédigé par le législateur.

L'enfant, à tout âge, doit honneur et respect à ses père et mère ; le père n'a sur son fils qu'une autorité corrective ; il la conserve seulement jusqu'à ce que le fils soit parvenu à sa majorité ; après cet âge, elle se réduit à de simples conseils que le fils doit recevoir avec respect. L'enfant ne peut quitter la maison paternelle jusqu'à sa majorité. Toutefois le législateur craignant que l'amour des pères ne nuisit au service public, en retenant les jeunes soldats volontaires, a fait une dérogation à cette puissance ; il a permis aux enfans de quitter leurs familles à 18 ans, pour enrôlement volontaire.

Le père n'a des moyens de correction sur son fils, que lorsqu'il lui a donné des sujets de mécontentement très-graves. Si l'enfant est âgé de moins de seize ans commencés, le père peut le faire détenir pendant un temps qui ne peut excéder un mois ; le président du tribunal, à sa demande, doit délivrer l'ordre d'arrestation. Depuis l'âge de seize ans jusqu'à la majorité, la liberté de l'enfant a paru plus précieuse au législateur ; aussi n'a-t-il permis au père que d'exercer son autorité par voie de réquisition ; c'est-à-dire avec le concours du magistrat qui pèse ses motifs. La peine peut être plus longue (de 6 mois), parce que les fautes peuvent être plus graves. Le père est toujours maître d'abréger la durée de la détention qu'il a ordonnée ou requise. S'il est remarié et qu'il veuille faire détenir l'enfant du premier lit, il ne peut agir que par voie de réquisition, et il est tenu de se conformer à l'art. 377, Code civil.

Le législateur a craint que la femme, d'un moral plus faible que celui de l'homme, ne fût trop prompte à s'alarmer des fautes légères de son fils, et qu'elle n'eût trop facilement recours aux moyens violens que la loi lui offrirait ; dès-lors, il ne lui a permis de faire détenir son fils qu'avec le concours des deux plus proches parens, et par voie de réquisition seulement. Cette autorité de la femme sur son fils cesse lorsqu'elle a convolé à de secondes noces.

CODE DE PROCÉDURE CIVILE.

Liv. ii., Tit. xiii. — *Des Descentes sur les Lieux.*

L'inspection des lieux, en certaines circonstances, peut seule fournir aux juges les lumières nécessaires pour statuer en pleine connaissance de cause. Généralement, en matière d'héritages urbains et ruraux, le juge, pour en connaître la nature et l'étendue, doit examiner les lieux. La descente sur les lieux ou accès de lieu, peut être définie : *le transport d'un juge sur les lieux contentieux pour les examiner et en dresser procès-verbal.* La descente sur les lieux constituant les parties en frais, la loi ne l'a permise que dans certains cas ; elle ne l'a pas permise dans les matières où il n'échoit qu'un simple rapport d'experts , lorsqu'il s'agit par exemple de vérifier des améliorations ou des plantations. La descente ne peut avoir lieu qu'en vertu d'un jugement qui doit commettre un des juges par lesquels il a été rendu. Si un tribunal ou un président se transportait volontairement sur les lieux , et qu'un jugement intervînt , fondé sur les observations qu'ils auraient faites , ce jugement serait nul , puisque les garanties voulues par la loi n'existeraient plus. Le juge nommé par le tribunal s'appelle juge-commissaire ; il doit , à la requête de la partie la plus diligente , rendre une ordonnance qui fixe le lieu , jour et heure de la descente. Le juge-commissaire doit faire mention dans son procès-verbal des jours employés au transport , séjour et retour. Le ministère public ne doit intervenir que lorsqu'il est lui-même partie , c'est-à-dire lorsqu'il agit par voie d'action ; il ne le peut lorsqu'il agit comme partie jointe , car sa présence alors est inutile et occasionerait des frais frustratoires.

TIT. XVI. — *Des Incidens et des Demandes incidentes.*

Le code, jusqu'aux exceptions , trace les règles d'une procédure simple ; c'est à partir de ce titre que commencent les exceptions qui entravent sa marche. Ces exceptions ne sont autre chose que des incidens ; mais elles servent en quelque sorte à éclaircir le procès principal , tandis que les incidens renfermés au titre XVI sont de nouvelles contestations ajoutées à la première.

Des Demandes incidentes.

D'après nos observations , la demande incidente peut être définie

une demande nouvelle formée dans le cours d'une instance princi-
pale par l'une ou par l'autre des parties. Quand elle est formée par
le demandeur principal, elle conserve le nom de demande incidente;
elle prend celui de demande reconventionnelle, quand c'est par
le défendeur. La loi, pour ne pas trop compliquer le procès
principal, a exigé, pour ces sortes de demandes, une procédure
simple et rapide. Elles doivent être formées par un simple acte
d'avoué à avoué, qui doit contenir les moyens et les conclusions,
avec offre de communiquer les pièces justificatives par dépôt au
greffe. Toutes les demandes incidentes doivent être formées en même
temps; il n'est pas permis de répéter celles qui seraient proposées
postérieurement et dont les causes auraient existé à l'époque des
premières. Il est laissé à la lumière des juges de statuer par préa-
lable sur les demandes incidentes, ou de les joindre au fond.

CODE DE COMMERCE.

CHAPITRE PREMIER.

Tit. IV. — *Des Banqueroutes.*

Le code a soigneusement distingué les faillites des banqueroutes.
La faillite n'est que le résultat des malheurs d'un commerçant; elle
ne donne lieu contre lui à aucune poursuite, soit correctionnelle,
soit criminelle. La banqueroute au contraire est la suite de ses fautes ou de son dol. Elle est simple ou frauduleuse, selon qu'elle dé-
rive de la faute ou du dol du commerçant. L'art. 586 du code de
commerce énumère les cas où le commerçant failli doit être poursuivi
comme banqueroutier simple, et l'art. 587 ceux où il peut être
poursuivi comme tel. Dans le premier de ces articles, la poursuite
est de rigueur; dans l'autre, elle est facultative. Le banqueroutier

simple est jugé par les tribunaux de police correctionnelle, sur la demande des syndics ou des créanciers, sur celle du procureur du roi, qui peut diriger d'office ses poursuites contre lui. Les frais de poursuite en banqueroute simple sont supportés par la masse lorsque la demande a été introduite par les syndics de la faillite, si c'est un créancier qui ait ĩntenté cette pousuite et qu'il succombe, il supporte seul les frais.

CHAPITRE II.

De la Banqueroute frauduleuse.

La banqueroute frauduleuse est un crime, elle doit par conséquent être jugée par les cours d'assises. Elle entraîne la peine des travaux forcés à temps.

La punition du coupable est d'ordre public, elle est dans l'intérêt de la société; de là l'obligation que la loi impose au procureur du roi d'interjeter appel de tous jugemens des tribunaux de police correctionnelle, s'ils reconnaissent dans le cours de l'instruction, que la prévention de banqueroute simple, est de nature à être convertie en prévention de banqueroute frauduleuse.

Il est des cas, où un commerçant failli doit être déclaré banqueroutier frauduleux, d'autres où il est laissé à la conscience du jury de le déclarer ou de ne pas le déclarer tel. (Voir les art. 593 et 594 C. comm.).

Sur la notoriété publique, ou sur la dénonciation, soit des syndics, soit des créanciers; les procureurs du roi, ou leurs substituts poursuivent devant les cours d'assises les cas de banqueroute frauduleuse.

Le prévenu atteint et déclaré coupable des crimes énoncés dans les articles précités, est puni des peines des travaux forcés à temps

(Art. 402 C. pén.). Un commerçant peut être poursuivi et condamné comme coupable de banqueroute frauduleuse, lors même qu'il n'y aurait pas de déclaration de faillite par un tribunal de commerce ; l'action publique est essentiellement indépendante de l'action privée, hors les cas où la loi renfermerait des dispositions contraires. La banqueroute frauduleuse n'est pas une circonstance, une modification du fait de la faillite ; mais elle constitue un fait principal sur lequel le ministère public peut agir sans le concours des tribunaux de commerce. Les complices des banqueroutiers frauduleux, sont condamnés aux mêmes peines que l'accusé.

TITRE V. — *De la Réhabilitation.*

La réhabilitation est un acte par lequel un commerçant failli est rendu à l'état dont la faillite l'avait fait déchoir, et aux droits qu'elle lui avait enlevés.

Le failli qui veut être réhabilité, doit adresser sa demande à la cour royale dans le ressort de laquelle il a son domicile ; il doit joindre à sa pétition les pièces justifiant qu'il a payé tous ses créanciers, principal, intérêts et frais. Ce paiement fait à tous les créanciers est une des conditions indispensables à la réhabilitation, et la cour royale doit s'assurer par tous les moyens possibles, s'il y a été pleinement satisfait par le failli. De là l'obligation des formalités à remplir pour parvenir à cette preuve, imposée au procureur général, au procureur du roi, au président du tribunal de commerce, art. 606, 607 et 609, et le pouvoir donné à tout créancier qui n'a pas été intégralement payé de sa créance, de s'opposer à la réhabilitation du failli.

Le procureur général près la cour royale fait rendre l'arrêt portant admission ou rejet de la demande en réhabilitation. La demande rejetée ne peut plus être reproduite.

La banqueroutier simple, après qu'il a subi le jugement qui l'a condamné , peut être admis à la réhabilitation : mais ne peuv‹ jamais y être admis, ceux condamnés pour fait de vol ou d'esc‹ querie, les banqueroutiers frauduleux, les stellionataires. Les tuteu‹ administrateurs et dépositaires, ne peuvent être admis à la réhal‹ litation, que lorsqu'ils ont rendu et apuré leur compte.

L'entrée de la bourse est interdite à tout commerçant failli q‹ n'aurait pas été réhabilité.

Cet Acte sera soutenu le 9 février 1835, dans une de‹ salles de la Faculté.

Vu par le Président de la Thèse ,

LAURENS.

Toulouse, Imprimerie de Marie ESCUDIER, Rue Saint-Rome, n° 26.

www.ingramcontent.com/pod-product-compliance
Lightning Source LLC
Chambersburg PA
CBHW050442210326
41520CB00019B/6030